Edition Neue Texte

Kurt Drawert

Zweite Inventur

Gedichte

Aufbau-Verlag 1987

Mit einem Nachsatz von Heinz Czechowski

1. Auflage 1987

Reihengestaltung Heinz Hellmis
Typographie Manfred Damaszynski / Christa Wendt
Lichtsatz INTERDRUCK Graphischer Großbetrieb Leipzig – III/18/97
Druck und Binden LVZ-Druckerei „Hermann Duncker", Leipzig III/18/138
Printed in the German Democratic Republic
Lizenznummer 301. 120/245/87
Bestellnummer 613 564 8
00450

ISBN 3-351-00637-3

Für meinen Sohn Lars

... man muß weiterreden, man muß Wörter sagen, solange es welche gibt; man muß sie sagen, bis sie mich finden, bis sie mich sagen ...

Michel Foucault

Mit dem Nichts an Geheimnis, unerläßlich, das, auch ausgedrückt, ein wenig bleibt.

Stéphane Mallarmé

I

Gedicht im Juni, Juli, August

I) Staub überall, feiner, blasser,
im Raum tanzender Staub. Staub
dieser Sommertag, der schlingernde
Hitzefäden in die Luft legt und den

stromernde Stadtkatzen durchkreuzen
wie eine Rechnung, die nicht aufgeht,
wenn man über die Höfe läuft, an den
Wänden, den Rückseiten der Fassaden

entlang: Warenlager, Wirtschafts-
eingänge, Leergutkästen, Container.
Schleimhäutige Holzkübel, in denen
heiße Brühknochen liegen, dünner,

sich nach oben kräuselnder Dampf.
Rotierende Eismaschinen, verbrauchte,
in die Ecke gestellte Kochtöpfe, flink
flüchtende Ratten, die in die Schatten

verschwinden. Dumpf nachhallende Rufe
von Köchen, Kindern, Verkäufern,
Hausfraun. Geruch nach Vanille, Katzen-
pisse und Kaffee. Lieferfahrzeuge,

die kommen und vorbei sind wie die
Sätze, mit denen man sich seine eigene
Geschichte erzählt ..., unmögliche
Deduktionen. Staub. Das Gedächtnis

ein aufgeblättertes Quartett,
dessen Karten gezinkt sind. „Fahre
mit dem Finger deinen Verstand lang
und sehe, wie sich die Kuppe verfärbt“,

ohne daß ein Bedauern gemeint ist,
wenn die Vergangenheit ein in den
Brunnen gefallenes Kind ist ..., von hier,
von der Gegenwart aus betrachtet,

von der alles verstehbar erscheint,
auch die hauchdünne Haut zwischen Vorder-
und Rückseite, Straße und Hof, Außen
und Innen, Bewegung und Kontemplation ...

....

...... II) Heute bin ich aus den Ansprüchen
raus, die auf dem Hofpflaster liegen,
aus den Empfindungen raus, aus den Büchern:
Verse, Namen, Philosophien, die auftauchten

und verschwanden und wieder auftauchten,
wirklicher, als es die gemietete Wirklichkeit
da vorne je war, in windarmer Gegend Gesichter,
die dahinwehten wie weiße, langsam aus-

bleichende Fahnen im gleißenden Treiben
einer Zukunft entgegen, die schon Vergangenheit
war auf den Höfen ..., dahin über Plätze,
Brücken und Straßen, die gerissen und mit

Teer geflickt dalagen im Sommer als graue,
mit flockigem hellgelben Staub bedeckte
Spinnenarme ..., dahin in die Zeit wie
narkotisierte Patienten auf dem Weg über

Flure zum Operationstisch. Hier,
auf den Höfen, die zu uns, zu mir
gehörten wie zu dem harten, blattlosen
Gestrüpp, in dem Träume, Utopien,

Botschaften hingen, farblos und hinter
den Worten, Momente von Glück, Tabletten
in Rotwein gelöst, Dunkelheit, die in die
Regungen fiel, Höfe, die hingestreut liegen

in der Stadt wie der graue, spröde Tauben-
kot, der auf die Spitzdächer fällt …,
hier war ich und war gefangen in den
Grenzen des Trotzes mit Gewohnheiten,

die auf den Kopf gestellt die Gewohnheiten
waren der andern, veränderte Oberflächen
mit veränderten Zeichen, in denen ich
glaubte, nicht der Gebügelte und Gescheitelte

zu sein innen wie außen ....
....
...... III) ? Was war sie wert, meine
Anwesenheit in einer Welt, die dekliniert war,

geordnet, in Definitionen, Tabellen,
Schlagzeilen gebracht?
Fertigbedeutungen und Fertiggerichte.
Die Geschichte war fertig. Die Gegenwart

war fertig, die Zukunft, die Revolution,
die Antworten waren fertig. Mein Außen- und
Innenleben war fertig, ein Schnittmusterbogen
auf der letzten Seite der Wochenendbeilage,

vor mir 1 Teller Tütensuppe =
den Inhalt in lauwarmes Wasser
schütten, kurz aufkochen lassen
und: fertig. Resultate das alles.

Das Bewußtsein. Die Wahrnehmungen.
Die Worte, die um den Verstand kreisten
wie Insekten ums Licht, ohne selbst
Licht zu sein. ? Wer gab einen Namen

für meine Geburt? War ich nicht
der Galeerensträfling einer Freiheit,
die eine Freiheit für nichts war?
? War ich nicht ein Hätschelhund

mit geordneten Zähnen und geregelter
Zukunft, der auf dem Schoß saß der
Geschichte, die eine Geschichte ohne mich
war? ? War mein Verstand nicht ein die

Erfahrungen der andern aufsaugender
Schwamm? Ein Nachrichtenverstand. Ein
Schulbuchverstand. Ein Vater- und Mutter-
verstand. Ein Zeitschriftenverstand.

Ein Formel-, Tabellen-, Definitionen-
verstand, für den die Historie ein Kreide-
strich war an der Tafel des Lehrers.
Die Realität kam auf Stelzen, eine gläserne

Vettel, die durch die Vorstellungen lief
mit der Aufschrift Vagina, dort, wo sie
geschlechtslos war, wo nichts war außer
ein Literaturverstand, der die Zeichen

für die Bedeutungen hielt und glaubte,
damit wäre es auch getan, wenn ein
läufiger Kater den Schwanz in die Luft
streckt. Die Worte gehörten mir nicht,

kalt lagen sie unter der Zunge als
nichtgemachte Erfahrung, Formulierungen,
die zu klein waren für die Ideen
und dahintrieben wie bauschige Wolken,

als eine mit Schnee bedeckte Landschaft
erscheinend, wenn man mit dem Flugzeug
darüber hinwegfliegt, um gleich darauf
abzukippen in ein Luftloch wie in die

Leere der Sätze. „Meine historischen Träume
blieben ohne Begriffe...............,
wenn ich einmal sagen soll, wie ich jetzt
darüber denke, wo ich aus den Antworten

raus bin.“ .... Staub, sagte ich,
Staub in mir drin, und vielerlei Grün
für die nähere Zukunft nach nicht-
mathematischen Regeln.

II

März

Dieser Schritt, zaghaft
erneuert, fast

mit Entschlußkraft,
bei hoher Luftfeuchtigkeit

und dem Verdacht,
daß Frühling

ein Kinderreim ist
auf die anderen Tage

mit ihren zerbrochenen Birnen
am Rande der Landstraße.

Als wollte sie etwas sagen

Stell dir vor: plötzlich steht sie
in der Tür und sagt: ich werde
dich verlassen, kurz danach,
denn sie mag das morgens, und

Mozarts D-dur-Sinfonie und
starken Kaffee. Du schließt
die Augen, und ein Film
fällt dir ein, mit Jutta Hoffmann

in der Hauptrolle, wie sie da-
steht und zu irgendwem sagt:
ich werde dich verlassen.
Und er lag auf dem Bett und

schloß die Augen, und als er
sie wieder öffnete, sah er
ihre blutleeren Lippen, die so
schrumplig waren, wie die Haut

meiner Hände, wenn ich zu lange
im Bad gewesen bin, während die
schweren, am Fenster vorbeiziehenden
Wolken sie auf den Satz brachten:

Die Himmelsgebilde sehen aus wie ich,
wenn ich das letzte Mal in dieser Tür
steh'. Ja, so geht meistens der Wochen-
tag los: mit starkem Kaffee, Mozarts

D-dur-Sinfonie und einer Frau die dasteht,
als wollte sie etwas sagen.

Landaufenthalt

Der längere ist der kürzere der kürzere
der längere Weg.
                                    Ins Tal übern Hang
oder gleich hinterm Haus entlang
wo die Schafe in Hochmut
                                    grasen und sterben.

Romanze

Ruhige Landschaft
mit natureignen Bäumen,
die alle nicht
ins Leben passen.

Eine Frau kommt
auf einem Fahrrad, grüßt,
ist schon vorüber.
Du glaubst,

sie vom Titelblatt
einer Illustrierten zu kennen,
nur ohne Hintergrund,
ohne Sonne,

die niedersinkt im Fluß.

Der Mittwoch stirbt
in den Worten
Reinigung und Wäscherei

Mit zerträumten Nächten,
die in der Bettwäsche liegen,
landeinwärts, fünf Stationen,

laut Auskunft und Telefonbuch.
Laut Notwendigkeit, die in den
Zeitungen steht, laut Heimat-

kundeunterricht, fällt mir ein,
laut Kindheit mit Lappen und
Seife. Rumstehen in Reihe &

Glied, ehe der Unterschied zweier
Worte alles ein wenig vergeblicher
macht. Und dann verschwinde ich

heimwärts und dem Tag hinterher,
dem Mittwoch, der in den Donnerstag
fällt mit geschlossenen Augen und

fadem Geruch nach Leben, Laken,
Kopf- und Bettbezügen, in denen
die Zeit liegt, zerrieben und

unwiederbringlich.

Wiederholungen

Da liegt noch ihr Pullover,
dort eine Bluse, ein Schal,
doch auf den Noten, die sie
in der Eile vergaß, sammelt

sich Staub. Heimgekehrt suche
ich vergeblich nach einer
Standortveränderung all dieser
Gegenstände, dabei rauche ich

zwei drei Zigaretten hinter-
einander in strenger Disziplin,
um den Geruch ihrer Haut zu
vergessen, aber es gelingt mir

nur manchmal. Ja, die Dinge täuschen
noch immer ihre Anwesenheit vor,
nur der Staub spricht von Abwesen-
heit und bedeckt solche Worte wie

Dauer mit Präzision, ehe sie mit dem
nächsten Kehricht den Weg allen
Überflusses gehn. Daß sie aus dem
Dreck wieder auferstehen werden,

halte ich zumindest für möglich,
denn alle Wiederholungen sind von
Dauer, bis man dann selbst …,
aber davon handelt hier nichts.

Ach der Zufall frag nicht ob das Leben
ein Spiel ist gewonnen verloren
der Mann mit den Losen hat ja auch
nichts als Falschgeld am Hut.

Ich fühlte mich bevorzugt mit dem
Freilos in der Hand sah ich
die Greisin die ihr rechtes Bein
hinterherzog wie eine Sünde.

Einfaches Gedicht

Verdammt viele Sterne
da oben. Findest du nicht auch
alles ein wenig unübersichtlich?
So zum Beispiel ist es eine gute

Art, sich den Dingen zu nähern:
zu zweit hinausgehen in eine Nacht
wie diese und laufen, bis man
zum Thema kommt. Aber lassen wir

einmal beiseite, was uns verwirrt,
das müßte man ja alles erst ordnen,
ehe es ein Gedicht werden kann,
was nicht heißt, daß das hier

kein Gedicht werden soll, nur weil
ich auf diese Dinge verzichte, die
unser Inneres abstößt, wie der Finger
einen Splitter abstößt, während man

denkt: lieber den Dorn im Fleisch,
aber nicht dieses Eitern. Und
an dieser Stelle fällt mir die Nach-
richt ein: Herbert Roth ist tot.

Hörst du, wie sich das reimt? Merkst
du nun, daß es sich hier um ein Gedicht
handelt?, um eines, das nicht vorgibt,
mehr als es selber zu sein und schön

einfach nur das Sichtbare sichtbar machen
will, ganz einfach, wie einfach einen
Raum zu verlassen, in dem die Luft knapp
ist. Oder einfach wie das: Ein blinder

Greis, der aus dem Haus tritt
und mit einem weißen Stock die weißen
Wege abtastet, eine Katze, die ein
zu schnell fahrendes Auto kreuzt,

auf dessen Rücksitz ein Hund hockt
und bellt. Oder einfach, wie das
Kaufen einer Zeitung oder wie der
Fleck von Softeis auf dem Kragen des

Nachbarn, einfach wie eine Schachtel
Zigaretten und Dunkelheit und
dein Mund und die Stille, die uns
plötzlich umgibt: „Ach Liebling,

das Leben müßte der Roman sein, den
man sich selber schreibt." Ich meine
das Angebot der Gegenstände, schön
einfach zu sein, denn das brauchen wir

so sehr.

Weg. Schritte

Im kurzen weißen Kleid,
gesenkten, traurigen Blicks
auf die Schuhe,
die vor ihr liegen im Sand,
lehnt sie
an einer Mauer,
hinter der gleich
die Wiese erreicht ist,
der Weg übers Feld
in die Vorstadt,
den sie herabkam,
dieser eine, staubig und grau
wie die Schuhe.

Augenblick

Ein großer Zwerg
mit meinem Hut,
geht über die Kreuzung,
nachts und allein.
Schnee fällt.

Biografisches Stück

Zwischenzeitlich hebt er das Gesicht, schiebt sich die linke Hand ins aschblonde Haar, richtet den Oberkörper auf, wandert mit den Fingern über die Kopfhaut, stößt die zu lange angehaltene Luft durch die Nase und kontrolliert seine Haltung. / Darauf zu achten liegt ihm im Blut, der Urgroßvater war k. u. k. Offizier, Vater zeigte ihm die Bilder. Danach der Balanceakt über die Teppichstange. Kerzengerade, an Absturz dachte er nicht. / Einmal, beim Stehen am Fischladen, Vater aß so gerne Fisch, wollte er in die Hocke gleiten, beugte langsam die Knie, ließ die Arme schlaff herunterhängen und rutschte, vorsichtig, die Wand herab; Stück für Stück, den Blick auf das Vorbild gerichtet. / Dann kam der gutgemeinte Rat, und er stand wieder auf: Schief laufen, ich möchte schief laufen, dachte er, schob die linke Hand ins aschblonde Haar, schlenkerte mit den Beinen und hielt die Luft an.

Befriedung

Die Hochzeit, der Hausbau,
alles war erledigt.

Mit dem Auto ins Weite,
am Sonntag, ehe der Tag,

einem gelben, streunenden Hund
gleich, wieder verschwand

in die Nacht, fuhren sie
die staubigen Straßen

herauf und herunter, fern-
wärts und zurück.

Wenn sie jetzt,
einem Liebespaar ähnlich,

die Hände zerstreut
aufeinander legen,

fürchten sie
den plötzlichen Tod

durch unachtsame
Nachdenklichkeit.

Wieder ein Abend von denen

: So ein Schwebezustand zwischen
Verletztsein und Verzeihen.
Zärtlich schwelende Wut.

Aber das war schon immer so.
Mit der Zeit türmte sich Eis
vom Herzen zur Kehle zum Mund.

Aber wir hatten es doch richtig gemacht
mit dem Verzicht auf ätzende Ehrlichkeiten
und keine spreizenden Klingen ins Brustfleisch

geredet. (Man weiß doch was würde
wollte jeder jedem
nur Wahrheiten sagen.)

Aber wir hatten es falsch gemacht.
Brutalität vermeiden hieß sie umkehren
und wurde Brutalität: Schwebezustand.

Und wir fanden die Sprache nicht
für die wortlosen Dinge
für die seltsam grausame Lust zu lieben.

: Also wieder so ein Abend
mit seinem tödlichen Dazwischen
mit seiner Umrißlosigkeit.

: Nichts denken nichts fühlen nichts glauben
und eigentlich ohne Gegenwart sein
wenn wir uns ungewollt begegnen

wenn sich die Blicke versehentlich treffen
und wir uns mit Höflichkeit strafen
und einer schweigend zur Seite tritt.

Beobachtung

Den linken Arm hat sie auf die Tischplatte gelegt, um, mit der linken Hand, mit einer Streichholzschachtel zu spielen, der rechte Arm umschlingt seinen Hals, um, mit der rechten Hand, sein Gesicht zu berühren, ein müdes Gesicht, das, von ihr abgewandt, das Geschehen auf der Tanzfläche verfolgt, wo die Paare, die Gesichter voneinander abgewandt und auf die Sitzenden gerichtet, engumschlungen tanzen.

Bewegungen

Der Morgen als die Erfahrung
von Wiederholung und Zugluft
nimmt die Geduld, mit der ich
die Bilder der Nacht
im Gedächtnis zu behalten
bemüht war. Der Zusammenhang
zwischen gestern und heute
ist der Geruch kalten Rauchs
und der Faden der Spinne,
die eher gelangweilt als ängstlich
ihren Standort verließ.

Theater

Das Theater ist leer, doch mechanisch
spannt Tell noch einmal den Bogen,
zielt, drückt ab:

eine kurze, affektlose Bewegung
des Fingers, durch keine Empfindung,
keinen Gedanken begleitet.

Legenden gehen so aus, Geschichte,
die als Komödie fortfährt,
nur ohne Dramaturgie und Programmheft.

Tell stellt das Tonband an
und erfreut sich am Beifall
von vorgestern,

während der Pförtner
seinen nächtlichen Rundgang
beginnt.

Mannequin

Ist sie schön,
sieht sie schön aus?

Und da ist dieser ruhige rehbraune Blick
auf die eigene Abwesenheit,
ein sorgloses Schreiten über den Laufsteg
in die Öffentlichkeit mit der Vorstellung,
tatsächlich mehr zu sein als der Augenblick
mit Feincordhose.

Und da ist wirklich nichts zwischen ihr
und der Fotografie, die sie hinterläßt
für das Titelblatt
einer im Bewußtsein des Fotografen
schon wieder rückverarbeiteten
Illustrierten,
in Farbe,
wie sie sich vorbeugt mit Perfektion,
das Gesäß der Punkt eines sinnleeren Satzes.

Ja, die Zerstörung der inneren Landschaft
offenbart sich an der übertriebenen Pflege
der äußeren Erscheinung.

Und dann lernst du sie kennen,
und das dumme Zeug, das sie sagt,
aber sie sagt es so hübsch,
daß du begreifst, wie schwer das ist,
häßlich zu sein und schön zu erscheinen
in der Rolle,
die du ausfüllst, wenn das Leben
keine Alternative mehr ist,

während du selber
die Szene verläßt mit einem Blick
in den Spiegel.

Tagebuch

Die Wolken treiben dahin
an diesem Morgen, wie die
Worte in meinem Herzen,

bis sie verschwinden, wie die
Wolken in diesen Morgen,
der Morgen in diesen Tag

und der Tag in den Sätzen:
Das war eine Wolke oder
das war ein Morgen

verschwunden sein wird. Ich
denke: daß alles endet,
indem es beginnt, und

es ist Montag, und die Dinge
verschwinden, und ich gehe
aus dem Haus, über die

Straße, über den Platz, deine
Bemerkung erinnernd: „Unsere
Liebe ist wirklich", wie dieser

Morgen, diese Wolken, dieser
Tag, wie die Worte in meinem Herzen
wirklich wirklich gewesen sein

werden.

Abwesenheit

Als ich, links neben ihr sitzend, mit dem Fuß gegen ihren Stuhl schlug und wahrnahm, daß ich ihn damit nach rechts verrückte, begriff ich, daß sie abwesend war.

Schliesse die Augen
sagte Vater & du siehst
was dir gehört: & ich

schloß die Augen sah
aber was er nicht meinte
& sagte nicht was ich

sah jenseits der Grenzen
seiner einer deutschen
Fantasie: wie die Ge-

schichte mit einem Knaben
beginnt der im Raum steht
& die Augen verschließt

& die endet daß er sie
öffnet als der Frühling
schon tot ist unter den

Schritten zu denen ein
Lehrer den Takt gab: &
die endet auf einem schwar-

zen gerissenen Feld auf dem
er stand & tatsächlich nichts
sah: so wie ich die Dinge

nicht sehen will nur um mir
sagen zu lassen wie ein an-
derer sie sieht bei ver-

schlossenen oder geöffneten
Augen ....
....

Pinien

Dieses Mittun, aufs neue, fast
ohne Einsicht vom Gegenteil
einstiger Absicht, das ist es:

ein Einverständnis mit der Szene,
in der man als Pinie erscheint,
devot in den Gesten und jenseits

des Vorgangs, festgepflanzt,
bestenfalls hintergrundbildend.
Und dann den Gedanken

vergessen, diesen einen,
diesen einen entschlossenen Schritt:
über den Rahmen des Bildes

hinaus, das sich die anderen
von einem machen, lautlos
in die eigne Zensur.

Zu spät gekommen

Ein Waldspaziergang zum Beispiel
interessiert mich nur wenig.
Hilflos schlendre ich rum
zwischen nichtsynthetischen Stoffen
und mache mich schmutzig.
Aber das Grün ist sehr schön
und farbfest. Nichts schmiert
oder bleibt kleben an den Kuppen
der Finger, die schüchtern
den Frühling abtasten. Auch der Vogel
klingt gut, ein gelungener Einsatz,
eine fast überzeugende Dramaturgie –
: nicht zu vergleichen
mit dem Geräusch eines Fahrzeugs,
mit Vorgängen, die man erklären kann
und die einen mitnehmen,
wenn man sie anhält.

Allein

Auf dem Bahnhof des Nachts
der einsame Flug
vertriebener Tauben.

Flügelschläge wie Worte,
wie des einen, des anderen Schritte
im Echo.

Stimmen gefangen
in ihren Körpern.

Nichts für ungut, Johann, und verzeih

Immer die Ilm lang, mit Tine
am Arm, und dann rüber zu Göte,

ein wenig scheu doch entschlossen
und voller Erwartung auf nun folgende

Monologe. O lasse dich niemals beirrn,
auf den Wegen vom Fleisch zum Gehirn,

murmelte seine Stimme in mir, während
Platzregen Rotzblasen um seinen Toten-

stein schäumte. Wie man sich bettet,
so stirbt man, sagte Tine ..., aber

wer sich einmal in des Volkes Überich
mogelt, fault, doch zerfällt nicht -

das bringt auch kein Schiller, keine
Bengalische Dichtung ins Lot.

Da wollen wir doch lieber die Geschichte
als Moralische Anstalt betrachten und so

verfahren wie bisher, mit Ehebetten
und auf jene altbekannte, klassische Art,

scheu doch entschlossen.

Nachruf

„Da gibt es eigentlich
nicht viel zu sagen er war

immer pünktlich sehr pünktlich
brachte er das Markengeld

rum ganz von selbst kam er
auf nichts was ich jetzt

wüßte. Die Beurteilungen
sind alle gut.“

Für O'Hara

Vielleicht gelingt mir
doch einmal ein Gedicht,

in dem kein Polizist
durch die Strophen

spaziert mit strengem
Blick und roter Kreide.

Eine Gelegenheit kommt,
liegt auf der Couch und

beginnt, sich zu öffnen.
Sie zu lieben bleibt

einfach, solange die
Grammatik im Schrank steht,

ein Buch, das die Gefühle
zerschneidet zu schwarzen,

sinnlosen Stücken, die ein
Wintertag zuweht.

Augenblick am Fenster
mit schwarzem Rahmen,

in dem eine Frau steht
und alt wird. Und der Tag

ist die Sehnsucht
nach vergangenen Tagen,

die als Wäsche
auf dem Hof hängt

und erbarmungslos
austropft.

Notiz

Als er, der Schneemann, dann den Weg aller Auflösung ging, gegangen war, haben recht lange noch die Äste und Kohlestückchen, Arme Augen Nase Mund, dagelegen, bis auch die und sehr plötzlich verschwunden waren.

III

Gedicht ohne Anfang

Das wird ein Gedicht
ohne Anfang. Der Beginn
für das Gedicht ist das Gefühl,
keinen Anfang zu haben.

Der Beginn dieses Gefühls
ist der Beginn der Erfahrung,
keine Erfahrung zu haben,
die einen Anfang hat. Das ist

die Mitte des Gedichts, darinnen
ein langsam verendender Kater.
Ein Ende kann es nicht geben,
es wäre das Gefühl von einem Anfang

und das Ende der Erfahrung.
Nur durch die Hoffnung des Katers
läßt sich die Mitte verlängern
um die Zeit seiner Dauer,

daß vielleicht doch noch
ein Anfang gesetzt werden kann,
bis er über die Mitte
hinausfällt ins Leere.

Herbstmorgen

mit einer Katze, die verfolgt wird,
vielleicht, weil sie eine Maus

im Gebiß hält, die bis eben
um einen Holzstapel flitzte:

silbergraue Schatten, auf- und
untertauchend in flach dahin-

treibende Nebelschwaden,
weiße Taufäden, die sich

durchs Gras ziehen und
von raschen, zuckenden Bewegungen

zerrissen werden, lautlos
fast und in den Grenzen

der Vorstellung, die man sich
von solchen Dingen gemacht hat.

Alles ist, was die Begriffe versprechen,
sehr einfach, und weiter ist nichts

und niemand außer mir, der dem Ganzen,
selbst der Stille, Bedeutungen geben

könnte. Und ich vergebe Bedeutungen,
wie der Lehrer die Noten vergibt,

und das ist es, was einsam macht
in diesem Moment, in dem vereinzelte

Sonnenstrahlen durch taufeuchtes
Astwerk blitzen, eine fette Mutterkuh

am Hang steht und glotzt, während
sieben dumpfe Töne vom Kirchturm

den Bildern eine Zeit zuteilen,
begleitet von einem blöde

blökenden Schaf, das am Pflock zerrt
und eingibt, daß bis hierhin

alles eine Umschreibung des Wortes
Herbstmorgen war, das das schönste

Gedicht ist, das ich kenne.

Satz, Poetik betreffend

Geirrt durch das Schamhaar der Sprache
ich weiß nicht / Was ein Gedicht ist wo mir
der Kopf steht, sah / Eine Weide geschmeidig
hochstrebende Äste, Ruten / Abfallen krümmend
sich verneigen, Bogen, darüber der Kreisbahnen
schneidende Vogel, es genügte / Ein einfacher
Satz, er stürzte, auf dieses hilflose Klein-
wild, hernieder in den Abgrund zwischen
Gedanken & Zeichen / Riß den Frischling, noch
speichelfeucht, gerade der Kehle entschlüpft
ich weiß nicht / Was ein Gedicht ist oder ver-
gaß es, sah / Eine Weide sich biegende fingrige
Strähnen – es schien freier Wille, eine
unsichtbare Grenze eine Klinge die Luft zu
zerschneiden / Ehrfurcht & Bescheidung, klaglos
in des Baumes Schatten lag ich, der Blick durchs
Geäst / Führte zu des Vogels wachendem Auge.

Gedicht

Karla komm zieh dich aus &
laß es geschehen denn ich hab
keine Sprache für diesen Abend

& die Angst dieses Gefühl jetzt
könnte mit der nächsten Sekunde
aufs neue verpaßt sein.

Karla komm wir haben nur unsere
Körper um die Zeit zu verlassen
& die Angst in den Worten immer

ein anderer zu sein. Karla komm
& laß es geschehen denn jemand
wird dasein in uns um den Tag

wieder gestern zu nennen.

Tagebuch 2

Die Haut viel zu weich
die Füße, das war
damals, als ich loslief,

in Übermut, in Scherben
fiel. Berührungen = Ergreifen
& Loslassen, im Würgegriff,

der Lehrer Friedrichs
und Monika, Zitat:
Liebe ist auch nur

ein Wort … Wie Halt
an einer Klinge gesucht
das Gedächtnis entlang,

hinab … Gnade
ist Weitermachen.
Die Beine aufwärts

wächst Hornhaut,
ich werde
mich wehren.

Aufräumen

Die alten, abgelebten, schon lange
verbrauchten, schmutzig verstaubten
Dinge
entfernen. Verschrotten das Bett,
auf dem man einst lag,
verbrennen die Fotografien, vergilbt
und befingert ein einstiges Antlitz offenbarend.
: Das, soll ich, gewesen sein? : Fort!
Fort mit den Briefen,
die Zeugnis ablegen
von jenen Stunden Tagen Jahren,
in denen man schon einmal gelebt haben muß.
                                        Fort
mit den Freuden und Schmerzen
eines schon x-mal erfahrenen Daseins
                                        als Fremder,
der eine Steinzeit durchwandert.
: Vernichten also
die so schnell sich mehrenden
und als Zeichen erkannten
Dinge,
durch die wir unser eigener Gast
geworden sind,
und die uns, täglich aufs neue,
verraten.

Zwischenzeitlich

I

Ich bin, was ich in meiner Sprache bin,
Was ich in den Worten bin, die ich mir
über mich mache.
Was ich in den Worten bin ist das,
Was ich in den Worten der anderen war,
Weil ich bin, was ich für andere bin,
und
Weil ich für andere bin, was ich nicht
bin.
Also ich bin, was ich nicht bin und bin nicht,
Was ich bin.

II

Wenn meine Sprache, meine Gedanken, einer
Verfehlung gleich, abnabeln vom Sinn,
Wortschlierig sich verlieren, versanden,
Wenn mein Raum, also das Rechteck
Schulter Schulter, Fuß Fuß, einem, versehentlich,
falschen
Ausdruck erliegt, dann werde ich abscheiden,
Im Schnee stehen und mir nachwinken, bis der Arm
erfriert,
Blau das Gesicht von des Scheiterns schneidendem
Wind.

Positive Zahl

Viele Sätze, in denen du vorkommst,
aber ich kann sie nicht sagen,
solange sie vom letzten Tag
der Vergangenheit handeln.
Das Gegenteil von Zeit sieht so aus,
auch Briefe, bevor man sie liest.
Du kamst herein, und ich wußte,
Leben ist eine Frau,
die an einem vorbeigeht in einer Gegend,
die noch nicht definiert ist.
Tatsächlich zu empfinden
zwischen den Händen,
tatsächlich gut so und ganz anders
als das Addieren von Zahlen,
sobald Licht
auf die Biografie fällt.

Ein Anfang ist das, ein Roman

Ja, es ist gut, wenn du hier bist
und aufräumst. Danach ist nichts mehr
zu finden, nur deine Tugend,
die als das Gegenteil daliegt von dem,

was ich suche. Aber ich mag es,
zu scheitern an deiner Anwesenheit
mit meiner Absicht, dieses zu tun
oder jenes, farblose Bewegungen,

die notwendig scheinen und viel viel
kälter sind als das Geräusch, mit dem
du deine Hose abstreifst oder den Rock,
langsam und so, daß ich verstehen kann,

was die wirklich wichtigen Dinge sind.
Tatsächlich, ein Anfang ist das, die Kehr-
seite des Älterwerdens, wo nichts mehr stimmt
oder sich fortsetzen läßt an der Stelle,

an der man den Faden verlor. Gefühle
sind da, schön, man spürt sich wieder,
Abläufe, die keine Wiederholungen kennen
und ganz einfach sind in einem Leben,

das neue Nahtstellen hat. – Merkst du,
wie gut ich mich fühle in einem Chaos,
in dem ich meine Gewohnheiten tausche
mit der, dich so sehr zu mögen?

Lamento

Flieht nicht
Läuft so dahin
Im eigenen Kreis
                Kreise der Furcht
                Die wir kennen
Ein Wild
Mit dem Körper
Im Zielkreuz
                Markierungspunkte
                Im Stabsplan
Erwartend
Den sauberen
Schuß

Zweite Inventur

Für Günter Eich

Ein Tisch.
Ein Stuhl.
Ein Karton für altes Papier, Abfälle,
  leere Zigarettenschachteln, Briefe,
  die keiner Antwort bedürfen.

3 Meter entfernt: Ein Schrank.
          Ein Tisch.
          Ein Stuhl.
          Ein Karton
  für Notizen, Belege, Rechnungen.
          Das Bett.

2 Meter entfernt: Ein Tisch.
          Zwei Sessel.
          Eine Ablage
  für Manuskripte.

Auf dem Fensterbrett stehen Bücher,
Bücher stehen auf der Erde,
auf den Tischen 1 und 2.
Unter den Tischen Körbe
mit schmutziger Wäsche.
Zwischen den Körben, im Koffer,
der auf dem Fußboden steht,
wo gebrauchte Fahrscheine liegen,

zerknüllte Seiten, begonnene und verlorene
Sätze, die Schreibmaschine.

Das ist mein Zimmer.

Allein ich weiß, wo etwas
zu finden ist.
Sobald ich mich bewege,
überzeugend zwischen den Dingen,
die ich kenne, bin ich überzeugt,
mich zu bewegen.

Das ist mein Vorteil.

Mein Vorteil ist die Anwesenheit
von Gegenständen, die mir vertraut sind,
die mir vertraut sind wie die Erfahrung,
sie wieder verlieren zu können,

endgültiger.

Glauben

Wie läßt sich glauben,
was sich nicht anfassen läßt

aber geschieht,
unabweislich und doch

weniger wirklich zu nennen
als die zwischen Mittel-

und Zeigefinger gehaltene
Zigarette, als der Rauch,

der aufsteigt und verfliegt –
Nachrichten, die man hörte

und wieder vergaß.
Und wieder hörte

und wieder vergaß.

Gewalt

Verstreut liegen Schuhe im Raum,
ein paar ihrer Gegenstände,
die noch in den Koffer gehören,
der Dialog bricht hier ab.
Ein letztes Versprechen
könnte ein Stimulans sein
für eine Zukunft mit Stichwort.
Es bleibt ungesagt.
Wirklichkeit ist so und wird dadurch
nicht schmaler, auch wenn sie
an der besseren Seite
zu reißen beginnt,
aber Fotografien hinterläßt,
die man später mal vorzeigen kann.
Danke! Eine gelungene Dekoration
für das Ende der Biografie.
Und ein schöner Sommer war das, verzeih,
das Imperfekt ist immer Gewalt,
die als blutiges Taschentuch
auf dem Fußboden liegt,
gelegen hat,
das ist alles am Schluß.

Ich sag euch mein Himmel stirbt weg
mit diesem November was fang ich nur an
mit dem Kopf in der Schlinge ein Hase
der die Wölfe bewacht. Ach ihr Lieben
alles wird gut ich glaube an das Unmögliche
das eintreffen wird wirklich
dieser Winter wird eine Not.

Wunsch

Was auf dem Grunde der Flüsse
soll wesentlich sein … Mein Name,
mein Leben aus zweiter Hand
bleibt unbewiesen, eine Vermutung
der andern. Manchmal aber,
wenn ich die Sätze finde zwischen
Abspannmusik und Testbild,
komme ich vor, tauche ich auf
mit dem Wunsch: einmal am Ufer
stehen mit seitlichem Blick und nicht
als Staffage. Anwesend sein
einen Moment nur, ehe der Tod
als die Gewißheit vom Gegenteil
mir durch den Sinn geht.

Innenmuster

Kindheit, eine Frau,
die durch die Träume
spaziert
und sie vertauscht
gegen die Träume des Lehrers.

Fernsteuerbares Spielzeug.
Die Bewegung von Stofftieren.
Fremdsprache lernen im Stall,
dessen Wände die Würmer
zerstören: Worte, die die Worte
der anderen sind.

Meine Verführer hab' ich
geliebt, sie waren gutmütige
Leute.

Aber wenn ich heute, aus dem
Haus gekommen, in den Dingen
meine Bedeutungen suche:

Wege, die Erinnerungswege,
Handlungen, die Erinnerungshandlungen
sind,

habe ich
ich weiß nicht,
was ich besitze,
was ich verlor,

und mir ist, als spazierte eine Frau
durch den Traum.

Psychotherapie

Für Horst

Sehr schwer bewacht
in sich wacht er

über die Andern die
sehr schwer bewacht sind

in sich und seine Gesten
bis zur Heilung bewundern

Vorwärts rückwärts wir machen weiter
wie gehabt zufrieden. Auch ohne uns
so scheint es vollzieht sich
Geschichte: na das ahnen wir doch
bereits seit der Schulzeit und schauen
um nicht den Schrecktod zu sterben
vorbei wie gehabt zufrieden
begraben wir die Begrabenen
der ein- oder anderen   Revolution.

Gewalt und Auflösung von Gewalt

Warum soll man sich
nicht gehenlassen,
wenn einem so richtig
danach ist.

Auch nichts tun ist gut,
ein Bestandteil der Therapie
zur Überwindung
von nichts tun

und sich gehenlassen.
Ein Glas Wasser steht da
in seiner Sehnsucht
nach 20 Tabletten,

bitter und wirksam wie:
Ich geh' ohne dich weiter.
Abschiede sind immer der Tod,
und der Tod ist eine Frau

im Sommerkleid, die aufsteht
und sich Fahrgeld
auf die Hand zählt.
Daran denken treibt die Gesundheit

voran, ein paradoxer Effekt
aber natürlich, nachzulesen im Wörterbuch
für Psychologie.
Ja, Trauer muß sein!

Viel Sentiment, schön theatralisch.
Und das ist schon ein anderes Ende,
während ich und du
noch übers Bühnenbild gehn.

Spiegelarbeit

Die Augen vergrößern, die Nase
verkleinern, den Hals verkürzen.

Die Ohren, den Nacken, den Kopf,
verrücken, verlängern, verschieben,

verbiegen nach oben das Kinn,
verziehen die Stirn. Zur Rundung

den Mund krümmen, die Haut
straffen, zur Harmonie alles

verändern: wie ein Gedicht
oder den Grundsatz fürs Leben.

Stück in zwei Akten, dritter: ein Traum

Stillsteht der Argwohn,
wenn des Schauspielers Worte
die Sprache durchstreunen
nach einer Umschreibung
                    für Glück,
solange noch aufgeschlagen ist
diese Seite des Drehbuchs –
aber davon
                    verstehe ich nichts.

PAUSE

Szene: Ein nicht erfolgter Dolchstoß
            in den Rücken
            einer auf dem Küchentisch
            hockenden Taube.
            Die Souffleuse
            gab das Stichwort, doch er,
            ich verpasse den Anfang
            mit Perfektion.

VORHANG
BEIFALL

Manchmal träume ich
von meinen ab
                    geschlagenen Händen,
die ich hinter der Bühne
verlor.

Projektion

Oder bin das schon ich,
das da, der da
fliegt, das Gefieder
allmählich verlierend,
zwischen Glaswand

und Glaswand,
Gestern und Morgen,
Wiege und Bahre,
von mir fort zu mir
hin von mir fort,

und das Hirn
immer noch schlagend
gegen die sechsfach
gleichen Scheiben,
hinter denen

das Ersehnte
auch nicht beginnt,

aus der Sicht
von hier draußen.

Ende des Sommers

Nachtfrost, Frühnebel, über
das Ende des Sommers täuscht
der Mittag hinweg mit mäßiger
Wärme. Dann, durch die Dämmerung

heimwärts, verschwinden die Katzen.
Kälte, die heraufzieht, Gewißheiten.
Die Tage: verstreut liegen sie
im Sand, mürbe, durchlöcherte

Stoffschuh'. Ein vergilbtes, noch am
Ast hängendes Blatt, ein Stück Textil,
vielfach geflickt, Plastikflaschen,
herausgerissene Seiten aus einem

Roman, Sätze im Präsens. Zeitbegriffe.
Zahlworte. Der Glaube an Wiederholbarkeit,
während das Blatt fällt, die Naht reißt ...,
eine Frage des Standpunkts, der Perspektive

Mit einem Gruß zerfallen die Dinge,
die bis eben von Ewigkeit sprachen –
vielen Dank auch, aber vorüber ...,
eine durch die Dämmerung verschwindende

Episode, ein Satz im Präsens, ein liegen-
gebliebenes Papiertaschentuch. Zu Hause
die Drucksachen warten nicht mehr.

Spurenwechsel

Für Eberhard Häfner

Noch immer zu viel Verwendung
für Pläne, zu viel Erwartung im Blick,
stammelndes Wünscheaufsagen,
hinter vorgehaltener Hand
Zweck und Bestimmung.
Schönen Dank auch. Alles nur Gesten.
Nichts wirklich gelernt durch die Arbeit
am Weiterleben.
Eine Glühlampe zerspringt,
Insekten durchfliegen das Dunkel.
Sie zu hören ist einfach,
solange der Kopf nicht die Richtung
verändert und fast so schön
wie der Gedanke,
in eine andere Gegend zu kommen.

Personalpronomen

Die Verwendung der dritten Person
des Personalpronomens
nimmt zu. Die Anlässe häufen sich,
die Resultate sind gut. Niemand
der einem nachschleicht übers Tagebuch
in die inneren Monologe, kein Blick,
kein Hinweis mehr auf die erfundenen Stellen
einer Geschichte, die man
für die eigene hält.
Oder gleich allein sein,
mit den intimeren Wänden, mit der Wäsche,
die endlich schmutzig herumliegen kann,
allein sein mit Fischen und Gründen
für einen selbstverschuldeten
Zustand.

Morgen, ohne dich

Der Geruch, den du hinterläßt,
wenn du fortgehst, ist wie der Geruch
frischen Kaffees, den du mir aufgebrüht
auf den Tisch gestellt hast,

ohne daß ich das sehen kann, wie ich
in deinen Bewegungen bin, mit denen du
aufstehst, Kaffee kochst, dich anziehst,
um angezogen noch nackter zu sein,

als an der Stelle, an die ich denke,
wenn du weg bist in einem Bild,
in dem ich nicht vorkommen muß.
Ein paar deiner Haare liegen im Becken

und sind wie die Vorstellung, ich könnte
verlorengehen in deinen Empfindungen
wie die aschblonden Fäden, die dir
beim Kämmen ausgegangen sind – ganz anders

als die Haare, die auf dem Fußboden liegen
oder im Bett, was mich nun wieder an deine
Nacktheit erinnert, die nichts zu tun haben soll
mit dem Geruch, der verfliegt,

wenn der Kaffee kalt wird, nur weil der Tag
mit diesen Vorstellungen beginnt, ohne
versprochen zu haben, daß du in meinen
Bewegungen bist, wenn er neben uns endet.

Glück, aber fast ohne Farbe

Der Schaum, der auf dem Spülwasser liegt,
ist wie das Wort Glück, das die Zeit stiehlt,
solange man nachdenkt darüber.
Aber nichts gegen Erfindungen mit ernsterer
Absicht, nichts gegen Romane, in denen
Frühling gesagt wird mit lange durchdachten
Fehlargumenten und synthetischer Hoffnung,
die in den Formulierungen lebt:
wir verlieren sie ja doch, wenn der Sonntag
vorbei ist und der Abwasch steht immer noch da,
unübersehbar und fast ohne Farbe.

Freitagsgedicht

Mit Händezittern
fängt es an,
Freitag zu werden.

Von Übermüdung
bis Parkinson
ist alles möglich,

der Unterschied
liegt in den Worten.
Ein kurzer Blick

ins Telefonbuch,
ein hastiger Anruf,
und die Definitionen

sitzen am Bettrand,
weiß bekleidet
und unverständlich.

Dann schon lieber
Gedichte von Übersee,
oder das Wort

Sonnabend, das sagt,
was der Freitag
nur meint, wenn er

anfängt mit zitternden
Händen.

Mißglückt

An familieneigenen Tischen,
immer in Reichweite
freundlicher Füße,
immer mit den schlechteren Karten,
tauge ich wirklich
nur wenig. Ein Rohrbruch,
Gas, das irgendwo ausströmen muß,
das sind Details,
erschwerte Bedingungen.
Theoretisch gesehen
ist das alles
Statistik, so oder so,
kalte Prognosen
und geltende Hoffnung
auf die Astrologie:
auf Lösungen mit Dimension,
einer eigenen Umlaufbahn
für zwei linke Beine.
Aber die Defekte, das Präsens.

Zwischenstand

Zwei, drei Wege am Tag,
ein paar ordnende Eingriffe
im inneren Haushalt, und man kommt
in die Zukunft. Vieles,
das nicht getan werden muß,
die Vermutung,
daß Substantive genügen.
Es klingelt, aber der Schritt zur Tür
hat sich verändert: eine Bilanz.
Auch länger im Bett bleiben
ist wieder möglich, die einfache Freude
bei beschädigtem Antrieb
und nervöseren Blicken auf die Linien
der Hand. Etwas, das vorbei ist,
fast schon vergessen, etwas,
das noch bevorsteht.
Und vielleicht gilt schon der Gang
übern Flur, ehe man öffnet,
mit dem Taschentuch
in knapper Entfernung zum Mund.

Statement

Es geht immer um alles. Es zu sagen ist der Sinn eines Gedichtes, Textes, in dem die disparate Anwesenheit der Worte einen Schatten zurückwirft der in Vollkommenheit anwesenden, mit allem in Verbindung stehenden Dinge im Raum.

In der Überschreitung der durch den Determinismus des praktischen Denkens gesetzten Grenzen, dargestellt in der Hierarchie der Bedeutungen, erscheint Wahrheit als die Totalität von Erfahrung, wie sie in den Zeichensystemen gespeichert ist und aus ihnen hervorzugehen vermag und über sie hinaus; Bewegungen in Richtung des Schweigens.

Sprache zu gebrauchen, um mit ihr, über sie, teilzuhaben an einem Ganzen, während sich, in adäquater Entsprechung, in ihr alles ereignet, gehört zu den primären Insignien des Seins, ihren Gebrauch zu unterdrücken oder ihn unmöglich zu machen oder unmöglich machen zu wollen zu den primären Gefahren, denen das tätige Bewußtsein in einer zweckdefinierten Praxis ausgesetzt ist: was sich nicht denken läßt, läßt sich nicht tun.

Spracharmut ist die traurigste Ohnmacht, die wir kennen, und sie ist schon der stumme, glanzlose Ausdruck des Todes der Ereignisse.

Im Widerstand zu ihr setzt die Arbeit an am Gedicht, Text, dessen Verwirklichung einhergeht mit der eines Seienden und seiner Exponierung der inneren in die äußere Struktur.

Wer mag, kann das Kunst nennen, ein Gedicht, Text, braucht das Wort nicht und lebt, jenseits obsessiver Zitate, fort in den weißen Stellen sorgsam beschriebenen Papiers, das ein Raum ist, in dem man sich begegnet, lautlos und so, daß es ganz schön wird und sich lohnt.

IV

!!
käse probieren !!!
!! k
oste doch von dem käse ich fände es gut wenn du d
en käse einmal kosten würdest du bist verwöhnt un
d mäklig wenn du jetzt nicht von dem käse ...!! als
o wenn du nicht kostest ...!!! also kostest du nun!
!! oder nicht ich hab gesagt du sollst das probier
en D
u kannst doch nicht immer deinen kopf durchsetzen
wenn du in die schule kommst kannst du auch nicht
deinen kopf durchsetzen da kannst du überhaupt ni
cht deinen kopf ... wenn alle menschen ihren kopf d
urchsetzen wollten das mußt du endlich lernen daß
man überhaupt nicht seinen kopf durchsetzen kann!
!! I
ch in deinem alter mußte essen was auf den tisch.
... in deinem alter hab ich mich gefreut auf solche
n käse in deinem alter hat vater zu mir gesagt iß
t du nun den käse oder willst du deinen kopf durc-
hsetzen und prügel bekommen W
enn du nicht von dem käse kostest bleibst du morg-
en oben kinder die keinen käse essen werden für a
lle zeit dumm da kannst du auch nicht zu großvate
r fahren ißt du nun den käse oder was ... oder will
st du deinen kopf durchsetzen?????????????????????
??
??

Café Uhland

ES IST DONNERSTAG
Vertraglich besiegelte Scheidungslisten fixierend
wo das Eigentum endet gehen reihum
wie ein Bonmot.
Die Bewunderung gilt dem weiblichen Kläger der den
Abschied wählte
und sich fortstahl vom Gehörnten straff im Brustfleisch
und auf zwanzig Gegenstände kommt und
SPÄTER NACHMITTAG
Sahne hineingibt ins Teeglas des sie verehrenden
Jünglings Witzemacher von Rang mir fällt
ein Name ein
Drais der Erfinder des Fahrrads das alles
faßt sich so weich an. / Stetigkeit verspricht
das Wetter kein Regen kein Schnee nicht warm
HERBST
nicht kalt was soll man auch sagen um
auf andere Gespräche zu kommen müßten sich andere
Krankheiten finden
Magen Herz Kreislaufleiden das ist doch alles schon
besprochen damit füllt sich kein Nachmittag mehr über
Leipzig kein Wind. / Berner Würstchen und Johann
Strauß
EIGENTLICH WOLLTE ICH
unterm Sitz da lassen sich noch Leidenschaften finden
bei den Rhythmen in der Box aus jener Zeit in der
Großvater
seinen Irrtum begrub

wir ersparen uns Einzelheiten ich meine das interessiert
doch kein Schwein was ich oder was ich nicht empfinde
hier
jetzt. / Das Bändchen Keats auf den Knien im Zugwind
die Seiten
ZU MONIKA GEHEN
wehen wie Fahnensignale des Schiffers vermag aber auch
gar nichts
zu ändern an dem was wir fahrlässigerweise als Leben
benennen
das uns weniger braucht
als wir glauben. / Ich will zur Mutter sagt der von niemand
Gefragte im rechten Nasenloch popelnd und wippt mit
den
Beinen gebrannte Kinder das ist ihr Vorteil werden
MONIKA MAG ES
klüger als alt. / Pünktlich es ist ganz pünktlich als die
Bahn Linie 13 die Straßenbeleuchtung die Kellnerin mit
spitzen
Fingern im Schoß
zur Abrechnung klimpert die Dekorationsblumen
abgeräumt werden
mein Blick
beim Hinausgehn der wegfällt auf etwas Warmes vom
Hund die Straße
schwimmt
im blauen Licht ein Summen in der Luft Elektrizität. /
Hier und da

Wenn ich nachmittags
komme und bleibe

steht noch ein Passant und wartet ein wenig ehe
er geht oder es scheint nur so oh vieles ist Täuschung als
schrumpften die Dinge
wenn die Dunkelheit kommt pulst die Stadt durch die
Träume es ist
wie das Ende des Schachspiels wo nur noch die Könige
hastig
um ihr Leben rücken ich fühle mich einfach zu
unvorbereitet.

Bis es Spass macht
und sich lohnt

Und scheut sich zu reuen

O
stundenlang täglich steht Steffi
am Abgrund des Abwaschs auf Abruf
bereit fortan für gar nicht so viele
goldene Groschen die Gabeln zu putzen
zu spülen die spuckigen Teller und
Tassen und speckige Töpfe mit Fett-
schicht schwingt lederne Lappen dabei
alle lausigen Lieder gelallt wie ge-
leiert herauf und herunter die Meinung
der meisten sind tropfende Tränen
ins Tal trüber Tage kommt kein König
und hält ihr die Hüften mit harten
haarigen Händen holt man sich Steffi
für sonntags da sagt sich das dienst-
bare Mädel unter der Dusche „so dumm
darf das nicht dauern“ und fängt an
zu tendeln die Tasche zu pendeln
den Busen zu straffen die Kleider
zu raffen zu färben die Lippen
das Becken zu wippen beim Laufen
und Schlendern in leichten Gewändern
folgt kurzentschlossen die heilige
Helga und will sie bekehren auf Folgen
belehren doch leider zu lustig und
locker hockt da auf des leichteren
Lebens kräftigem Schoß die Verlorne
und scheut sich zu reuen

Abwehr

O wie du sprichst, in deinen Träumen, in den Nächten,
In den langen, in den kalten. / Ich hörte
Auf deine Wünsche, diese feindlichen Sender
Des Bewußtseins, höre die verleugneten Worte des
Tags,
Wie sie kamen und gingen als Beamte des Schlafs.
Und dein Leib, der sich bog, sich hob und senkte
Und hob und senkte, in der Nacht,
In der langen, in der kalten. / Ich spürte
Mich steil in der Bettdecke Hohlraum und dachte
An eine rote, sich öffnende Frucht, die sich
Mit dem Morgen aufs neue verschließt. / Dann,
Tags darauf, verriet ich dir deine Träume,
Wie ein Denunziant zur Anklage geeignete Sätze
Vom Protokoll liest. / Ich versuchte
Erneut, meine Hand auf die deine zu legen,
Die, zur Abwehr bereit, sich hob und senkte
Und hob und senkte, an dem Tag,
An dem hellen, dem kurzen.

G. und ich, wir verstehen so wenig

Was die Wissenschaftler nicht alles denken. Die Verpflichtung, eine Meinung zu haben, die sie veranlaßt, immer eine Meinung zu haben.

G., ich will den Abend geistig verbringen und bin auf dem Weg zu ihr, G. sagte kürzlich: tun wir doch das, was sie denken, was wir tun.

Seien wir Schrittmacher unter den Mutmachern, Resignation darf gar nicht erst aufkommen. Danach fand G. ein Haar in der Suppe, weiß und gespalten. Von uns konnte das Denkerhaar nicht sein, also dachten wir nach, aber ohne Erfolg. Nicht einmal Ahnungen.

Wir kamen auf die Urologie zu sprechen – übrigens ist Herr F., Bezirksschornsteinfeger (= Glücksbringer, Bezeichnung von G.) verzogen: aber nicht weiter als eine Querstraße weiter. Oder eine andere Bemerkung: Morgen schon werden die Zeitungen von heute vergessen sein. Da kann einer schon weiße Haare bekommen.

Bevor wir Geistlein oder Steißlein spielten (Spielanleitung von G.), redeten wir über die Technik der Ampeln und fanden drei Typen für die Kreuzungsanlagen (Fußgängerweg – Straße) heraus:

1. Die Totalumschalter (Rot-Grün-Umschaltung ohne Zeitverzögerung)
2. Die verhinderten Totalumschalter (Rot-Grün-Umschaltung mit Zeitverzögerung (Sicherungszeit))
3. Die ganz und gar verhinderten Totalumschalter

(Selbstbetätigung für Rot-Grün-Umschaltung am Ampelmast)

Alte weißhaarige Männer, sagte ich, stehen oftmals bis zu einer halben Stunde vor benannten ganz und gar verhinderten Totalumschaltern.

Gehemmtes Adaptationsverhalten bei übermäßig fortschreitendem Veränderungsprozeß der Symbolreize, sagte G., ich sagte, Steißlein und führte mit fünf zu zwei Antworten. Die vorletzte war:

Seien wir so, wie sie denken, wie wir sind. Seien wir Mutmacher unter den Schrittmachern, Resignation darf gar nicht erst aufkommen.

Und dann, blitzschnell, Geistlein! Nach der letzten Antwort der Sieg.

Das Sonett

Gereimte Thesen quergestellt,
Aus eins mach zwei, dann füg's zusamm',
Mit List und Leim und Schleim und Schlamm,
Damit's am Ende feste hält.

Ach all die Regeln, all die Norm,
Die baun zur Harmonie den Müll,
Der letztlich niemals passen will
Und doch sich biegen läßt zur Form

Durch den Betrug von höhrer Art,
Als ließe sich die Welt verwalten,
Als Ganzes in den Händen halten.
Ein Spiel, ein Trick, die Form Verrat,

Denn alles Leben will sich spalten,
Will Brüche, Löcher, Kanten, Falten.

Hamlet

So ist's wohl trefflich ausgesagt:
Des einen Qual, des andern Hohn,
Des einen Sarg, des andern Thron,
Wenn Gier auf Macht den Willen plagt.

Was unser Held erleben muß –
Noch etwas wild, noch etwas dumm,
Noch nicht entdeckt: die Welt ist krumm,
Zu reich an Hoffnung, hart im Schluß:

Denn wie, so fragt er, müßt' es werden,
Wenn jeder Satz, der Geist enthält,
In dieses Lebens Scheiße fällt,
Die rasch verfärbt den Sinn auf Erden …

Und ahnt nicht auch in seiner Brust
Den Trieb zum Tod, zum Leid die Lust.

Außerhalb

Wer liebt, ist immer auch verloren
An jenes Glück, das man gewinnt
Als Sand, der durch die Hände rinnt –
Das andere ist auch geboren:
Das Nichts im Sein, der Tod im Leben,
In Leidenschaften mischt sich Qual.
Und doch ist es des Lebens Wahl,
Dem Scheitern einen Grund zu geben
Und jedes Ende zu beginnen
Mit einem Anfang und dem Schein,
Die Dinge würden ewig sein
Und nicht mit unsrer Zeit verrinnen.
Allein mit der Erkenntnis mißt,
Wer außerhalb der Dinge ist.

Absage

„Vor einem Jahr kam her Ihr Stück,
zunächst jedoch: sehr danken wir
für das Vertraun, Herr Shakespeare.
Wir lasen lang, doch nun zurück
mit dem Vermerk: sehr sonderbar
gezierter Stil, der Sie, ich sag's
draufzu, zum Schnörkel führt und wag's
gar maniriert zu nennen. Klar
gibt Ihnen das den Spaß am Wort,
am Spiel mit Form – barock die Art –,
doch hier in unsrer Gegenwart
ist dafür wahrlich nicht der Ort.

(Obschon, ich war begeistert, sehr,
doch nützt es nichts, wir wolln nichts mehr.)"

TV I II DIE ZEITUNG DER RUNDFUNKEMPFÄNGER KAUM
läuft er warm spuckt er die Welt mir ins Zimmer ich
befürchte mich abzufinden mit dem allabendlichen
Handkantenschlag scheiternder Verhandlungen wieviel
Tage hat schon ein Jahr wieviel Jahre hat schon ein
Leben wie viele Leben liegen ihnen zu Füßen den
Diplomaten in Genf oder wo nach den Nachrichten
folgt
der Wetterbericht nach dem Wetterbericht folgen die
Tauchtiefen der Wasserstand – – – – – – – – – – – – –
– –

Dialog

Die äußeren werden innere
Kriege ich stand
auf dem Kopf und hielt
die Luft an

Ach laß doch
Schweig doch

und schaute gläubig
nach einer Wimper du glaubst
gar nicht wie wir die Augen
verdrehen wenn das Herz
erfriert.

Hör auf
Laß mich zufrieden

Jedenfalls ist es besser
Hoffnung zu haben
als keine Hoffnung zu haben
und so kippte ich
in den Stand zurück.

Töne

… und wußte viel zu genau, was ein Sirenenton im Sinus, drei Minuten, zu bedeuten hätte, als ein Sirenenton im Sinus, ich schätzte, schätze ich, von drei Minuten, ertönte, ich im Tal war, wo an den Hängen kleine Siedlungen waren, und begriff nicht, weil ich viel zu gut wußte über den Ton, so mein Verstand plötzlich fort war, daß ich im Tal war, wo an den Hängen kleine Siedlungen waren.

Daß ich im Tal war, wo an den Hängen kleine Siedlungen waren, in denen man, o hätte ich diesen Mittwoch, diese Zeit nur im Kopfe gehabt, in einer Phasenverschiebung von, ich schätzte, schätze ich, fünf Sekunden von Ort zu Ort, die Sirene in jedem Ort erprobte, was, was mir kurz darauf sehr klar war, einen Sinuston ergab.

Was, was mir später dann sehr klar war, einen Sinuston von, ich schätzte, schätze ich, drei Minuten ergeben mußte, doch mein Verstand ja plötzlich fort war, ich also so dastand, totenstarr still, den Blick, seltsame Geste, weit hinein in den Himmel, bis dieser Ton, schrill und erbarmungslos rhythmisch, und er hallte lange nach im Tal, verhallte, so der Verstand wieder kam, o wie zumute war mir, und ich wieder wußte, wie zumute mir war und diesen Irrtum begriff.

Liebeslied / Schichtwechsel / Herbst

Himmel bindfadenverhangen
und rotblondes Mädel hastig
die Kette gezogen Es trudelt das Wasser
es sprudelt die Spülung am Montag
am Mittag Bohnen und Erbsen
und Abendkrähe am Dienstag
verdunkelt die Blicksicht
pickt Fenster tapp-tapp
klirrt des Großvaters Erbstück
die mäßige Aussicht &
Straße leer Häuser verschlossen
Laternenbeschienen Tisch Teller und Topf
Kopf pocht Sehnsucht
bindfadenverhangen der Himmel
und rotwundes Reh rucki-ruck Rock hoch
und los: Zum gelobten Geliebten
Der rüttelt am Bettrand und zuckt
mit den Lippen Springt spricht und singt
„Bald fahrn wir ans Meer bald fahrn wir
ans Meer und wiegen und wogen das Wasser“
Bis Donnerstagsauge am Rißmund verfangen
Verlangen nach Liebe und Lust &
Madenhimmel und Mäuse das Tischbein kreuzen
Mitternachtsglocke vom Luftschloß läutet
und ein Hund Der ums Haus läuft.

Dich zu begehren

„Dich zu begehren
auch wenn du
gar nicht daran denkst

daß auch ich
abwesend sein könnte
wenn du mich begehrst

nackt neben mir
wie ich neben dir
daß auch ich

nur weil du spüren willst
daß du anwesend bist
nicht daran denken könnte

dich zu berühren
und aufstehen würde
und ich würde mich anziehn

und in der Tür stehn
wie jetzt du du sag mal
ist Glück eine Erfindung

und Unglück der Glaube daran
daß du nicht einmal wahrnahmst
wie sehr ich dich

gerade in dem Augenblick
begehrte?“

Spiel

Der Mann hat Angst vor dem Vorgesetzten
Der Vorgesetzte des Mannes hat Angst vor dem
Vorgesetzten
Der Vorgesetzte des Vorgesetzten hat Angst vor dem
Vorgesetzten
Der Vorgesetzte der drei Vorgesetzten hat Angst vor
dem Vorgesetzten
Der Vorgesetzte der vier Vorgesetzten hat Angst vor
dem Vorgesetzten
Der Vorgesetzte der fünf Vorgesetzten hat Angst vor
dem Vorgesetzten aller Vorgesetzten
Der Angst vor dem Mann hat

Geständnis

Zu mir so ganz zu mir zu mir für mich
komme kam kommt man ja nicht, klagt / sagt sie
aus, vor Gericht, spricht: / Er hat doch immer
das Sagen gehabt & ich die Wut & das Messer /
/ stach zu zehn Mal bis zum Schaft / war ja nie
da so für mich. Da war mein Arm
nicht mein Arm, & die Klinge die Klinge
der Anderen in mir was kann / soll ich
noch sagen.

Schäfers Tod, ein Volkslied

Wie eyn ganz in Tücken   gefallener Käfer
Denkt geyl der Herr Schäfer   liegt sie auf dem Rücken
Ich werde sie pflücken   und streicht ihr die Wangen
Entfernt ihr die Spangen   gibt Worte in Fülle
Ins Ohr bis die Hülle   ganz scheynbar auch fällt
Samt allen den Schwüren   o nimmer nie diesen
Betörer zu lieben   der hat doch der Sieben
Bereyts schon verführet   wie man es ja spüret
Mit jedem der Küsse   mit jedem der Stöße
„O nein welche Blöße"
sie heißleybig stöhnet
„Wie bin ichs gewöhnet   zu heben zu senken
Mir Feynlieb zu schenken"   was er ja auch spüret
Die hat doch verführet   bereyts ihrer Sieben
Aus Spaß wohl am Schieben   am Hüpfen und Wippen
Am Schmusen und Nippen   am Reyben am Drücken
Am Strecken und Bücken   am Spreyzen der Beyne
Wie macht sie's doch feyne   mal schnell mal verhalten
Mit zarten Gewalten   von hinten von vorne
So ganz ohne Norme
und als ihr gestillt war
Die peynliche Not   lag auf seynem Rücken
Herr Schäfer und

Todesanzeige

Kriegskind, Hochzeit mit Gertrud, die Liebe zu Johann Strauß, ein Lottogewinn kam nicht.

Wenn H. allein war, aß er Kartoffelpuffer, die er mit Marmelade oder Apfelmuß bestrich.

Sonntags betrachtete er vergilbte Fotografien, blauschattige Tränensäcke quollen über den Rand der Lupe.

Noch kurz vor seinem Tod betrog H. seine gealterte Frau mit einer Kollegin. Sie hat lockiges braunes Haar und einen etwas schiefen Mund. Gemeinsam feierten sie das Postjubiläum. Danach nahm sie H. mit, und er freute sich.

Am nächsten Tag war er sehr freundlich, was ihn verriet.

Kaum zu glauben, es geschah durch einen heruntergefallenen Ziegelstein während eines nur kurzen Gewitters, danach der herrlichste Sonnenschein.

Nein, das hatte er nicht verdient, sagen alle, die ihn kannten.

Erwägung

Es wird noch erwogen
Eine Erwägung zu wagen.

Es wird noch geplant
Einen Plan zu planen.

Es wird noch beschlossen
Einen Beschluß zu beschließen.

Über eine Beratung zu beraten
Für die ein Antrag

Auf einen Antrag
Beantragt werden muß.

Es muß noch bedacht werden
Ob wir zu denken gedenken

Und Bedenken bedenken
Oder erst später

Wenn alles zu spät ist
....

abzählvers

wenn sie wolln's machen   sie machen's nicht
alles zu schatten   tödliches licht

sie uns das bringen   sie aschern nicht
die bunten bilder   die ganze sicht

ich dich will lieben   du du liebst mich
wir sind ganz leise   entgegen der pflicht

o du mein herzlieb   hier nimm mein wort
wenn sie woll'ns machen   scheiden wir fort

Das Mana der Katzen

Es war so sehr dunkel, um uns nur Keller, die Katze immer noch ängstlich, ich immer noch vorsichtig, wollte es eigentlich nicht tun, bewegte mich dann aber doch, beugte mich, die Knie durchgedrückt, ihr entgegen, langsam wie eine Schnecke, ihre Furcht bedenkend, die auch meine Furcht war, sehr zeitaufwendig das Ganze, spürte selbst kaum, wie ich abwärts kam.

Dann das Befühlen eines mageren Körpers, sie zitterte, war aber zu müde zur Flucht, pißte nur Angst ab – ein säuerlich emporsteigender Geruch, verflog augenblicklich, vergaß ihn sehr schnell –, schlug nur mit dem Schwanz – ich hörte, spürte es mehr, ein kurzer Ton, ein sanftes Bewegen der Luft –, während ich, wirklich behutsam, sehr sehr vorsichtig, um sie nicht zu zerbrechen, ihr übers Fell strich, immer den Rippenbogen abwärts zum Bauch, zu den trockenen, grindigen Zitzen, und dann, angefangen am Hals, nein, am Kopf, der Wirbelsäule nach, jeder Wirbel eins meiner Jahre, dachte ich voller Ungeduld, bis zum Ende hin.

Wir fühlten uns wohl, wärmten uns auf aneinander, ihre Pfote lag, sicher schon lange, auf meinem Arm, tatsächlich gut so alles, selbst der Hunger um diese Zeit, sie schnurrte ein wenig, aber klaglos.

(Mana = im animistischen Glaubenssystem die überströmende Kraft von Seele zu Seele)

Dann diese seltsame Hitze, die sich in mir auszubreiten begann, die Haut wurde weicher und weicher, erstaunliche Leichtigkeit überall in mir, selbst die Gedanken so leicht, so frei, sehr frei der Kopf, so daß ich, beweglich wie noch nie, zu laufen begann, ein zielloses Streunen mehr, vierbeinig.

Sofort oder gar nicht

Ich meine die Leichtigkeit
solcher Sachen, wie das Schreiben
von Gedichten, wenn man frei
für Vorgänge ist, für Bewegungen,

wie die der Gemüse verkaufenden
Frau zum Beispiel, die dastand
auf dem Marktplatz Ecke Webergasse
wie Claudia Cardinale als Nonne,

die gerade Gott mit dem Gärtner
betrügt. Es geschieht an einem
Nachmittag, Sonne und hohes Gras
überall, und dann nur sie und

dieser Gärtner, und sie sagt:
„Laß das doch sein da mit deiner
Arbeit und leg dich zu mir, sofort
oder gar nicht". Und noch während

ich den Satz überdenke, kommt
jemand ins Zimmer und schaltet
das Bild ab. Es ist Nachmittag und
eine Leichtigkeit, wenn man frei

für Vorgänge ist, als Nonne und
Gärtner, sofort oder gar nicht.

Nach Beckett

Kaum erwacht
& schon gesprochen.

Kaum gesprochen
& schon gehört.

Kaum gehört
& schon verstanden

immerhin etwas.
O das wird

ein glücklicher Tag
gewesen sein.

V

Geschichte, seitenverkehrt

Also gut, keine Verwendung mehr für
Liebesgedanken und Tastsinn, wenn ich
verloren bin für deine Gefühle.
Vielleicht gäbst du mir recht, daß das

die Mitte einer Geschichte sein kann,
in der der Hauptheld liederlich wird.
Aber ich kann das auch anders sagen,
damit du verstehst, was für mich eine

der kältesten Sachen ist, die ich kenne:
wenn man die Seite umblättert und nach-
lesen muß, wie so etwas dahinstirbt,
was mit Empfindungen begann. Also gut,

lebe wohl, Glaube an Treueversprechen
und Buchstabennudeln, lebe wohl, „Du bist
so tief in meinem Herzen", lebe wohl
dies und das und Liebe ist eine Idee ...,

bis ich deine Notiz auf dem Fußboden
fand, die du eilig hingeschrieben hast,
ehe du weggingst: „Ich kenne mich
schlecht aus in den Sätzen, die man braucht,

um zu sagen, daß ich neben dir bin“.
Bitte formuliere das doch noch einmal und so,
daß ich begreife, warum die Geschichte
plötzlich vom Ende her passiert.

Nachsatz

Lektüre

1

Er ist, wie ich, Dresdener und lebt, wie ich, in Leipzig. Kennen lernten wir uns 1983 in dem kleinen Dorf Wuischke in der Oberlausitz, wo er eine namhafte Dichterin besuchte, es aber auch nicht versäumte, einmal bei mir hereinzuschauen. Es geschah, was nicht immer geschieht: Wir waren uns sympathisch, was zur Folge hatte, daß mich Kurt Drawert auch weiterhin gelegentlich besuchte. Was er mir vortrug, waren meistens Lesefrüchte, und ich bemerkte: der Mann, der eine Zeitlang als Bibliothekar an der Sächsischen Landesbibliothek gearbeitet hatte, war ungeheuer belesen. Geschenkt, daß es sich dabei in der Regel um Schriftsteller handelte, die ich bisher nicht zur Kenntnis genommen hatte und die nicht zu meinem Leseprogramm gehörten. Auch in dieser Tatsache markierte sich der Unterschied der Generationen, der wir beide angehören, und der mir mit einem Male bewußt wurde.

2

Drawerts Gedichte, die er mir nach und nach zeigte, forderten mich heraus. Ich, der ich mit der Lyrik der Beat-Generation oder Rolf Dieter Brinkmanns nicht sehr gut vertraut war, bekam von ihm Nachhilfeunterricht, indem er mir Texte jener Autoren brachte, die sein Schreiben modifiziert hatten. Nicht mehr Brecht oder Huchel waren seine Vorläufer, obwohl er auch diese Autoren nicht verschmähte und gerade an Eich einen Text adressiert hat, der nun zum Titel dieses Gedichtbandes geworden ist. Und nicht das Erlebnis einer brennenden Heimatstadt hatte das Bewußtsein des 1956 geborenen geformt, sondern eine Gesellschaft, die mit überkommenen und neuen Widersprüchen zu leben hat.

3

Widersprüche also, die sich in Drawerts Gedichten wiederfinden: Bilder des üblichen Lebens, Formen, die Bestand haben oder sich aufzulösen beginnen, Bilder des Lebens, die zeigen, wie es ist und nicht, wie es sein soll. Wer, wie Drawert, nicht mehr die Utopie in der Form des schönen Scheins bestätigen will, muß nach neuen Ausdrucksmöglichkeiten suchen und kann sich mit versifizierten, abgerundeten „Aussagen" nicht mehr zufrieden geben. Daß mich Drawerts Gedichte nicht mehr bestätigten und ich meine eigenen Erfahrungen in ihnen nicht ohne weiteres wiederfand, irritierte mich zunächst. So hatte ich Mühe, aus Drawerts umfangreichen Manuskripten eine Auswahl zu treffen, die meinen Vorstellungen von Lyrik entsprach. Erst die zornige Kritik des gemeinsamen Freundes Adolf Endler an dem von mir zusammengestellten Manuskript veranlaßte Drawert, selbst Entscheidungen zu treffen und die Gedichte so auszuwählen und zu ordnen, wie sie dem Leser nun vorliegen.

4

Die Sache, die Drawert in seinen Gedichten verhandelt, ist seine eigene, von der er sagt: „Merkst / du nun, daß es sich hier um ein Gedicht / handelt?, um eines, das nicht vorgibt, / mehr als es selber zu sein und schön // einfach nur das Sichtbare sichtbar machen / will, ganz einfach, wie einfach einen / Raum zu verlassen, in dem die Luft knapp / ist.“ Was paradox erscheinen mag: Drawert setzt auf die ihm gemäße Weise fort, was die Dichter der DDR, die heute um die Fünfzig sind, in den sechziger Jahren oder noch früher begannen. Nur liegt zwischen ihnen und ihm die Distanz jener von der Welt vermittelten und von den Dichtern auf ihre Art erworbenen Erfahrungen, die sich nicht von den Sätzen, die das Bewußtsein erreichen, und von den Bildern, die die Netzhaut berühren, trennen lassen.

5

Wer Drawerts Gedichte liest, muß sie befragen. Drawert macht dem Leser nichts mundgerecht, liefert nicht wiederverwendungsfähige Zitate noch Verse, die wie Öl über die Zunge gehen. Seine Gedichte verkünden keine Programme („Kommt uns nicht mit Fertigem ...“: Volker Braun) und bieten keine Lebenshilfen frei Haus. Wer sich mit diesem Dichter treffen will, muß seine eigenen Probleme mitbringen und mit der Kenntnis von Realität und Leben seine Texte lesen. Denn um *Texte* im Sinne von miteinander verspannten und mit- und gegeneinander *arbeitenden* Wörtern und Sätzen handelt es sich. Gedichte, wie die von Drawert, sind nicht Abbilder von Gegenständen, sondern selber Gegenstände.

Ihre Komplexität verwahrt sie gegen ihre Konsumierbarkeit: Lektüre wird nicht zu einem *Erlebnis*, das sich summa summarum unter den Strich bringen läßt.

6

Akzeptiert man das Leben *auch* als einen Balanceakt ohne Netz und doppelten Boden, so besitzen Drawerts Texte die Eigenschaft, einen solchen Gang übers Seil nachzubilden. Zu seiner Biografie gehört nicht mehr die Tatsache, etwas von der Realität des Faschismus, von Krieg und unmittelbarer Nachkriegszeit persönlich erfahren zu haben. Seine Erfahrungen setzen dort ein, wo sich das Leben unter den Kennwörtern „Schwebezustand“, „Verletztsein“ und „Verzeihen“ zu erkennen gibt. Ein Dozent des Literaturinstitutes, das Drawert von 1982 bis 1985 besuchte, glaubte ihn als „Literaten“ bezeichnen zu müssen. Er ahnte wohl nicht, daß er ihm damit eine Ehre erwies.

7

Nun ist freilich der Schlüssel zu Drawerts Gedichten auch nicht dort zu suchen, wo der Moder des Geheimnisses west. Es genügt, in diesem Buch zu blättern, um Verse zu finden, die genau das sagen, was Lyrik in sich wandelnden Formen und sich verwandelnder Sprache „schon immer“ gesagt hat. Nicht in dem langen, programmhaften „Gedicht im Juni, Juli, August“ oder in diesem Gedicht verwandten Texten fand ich jenes Bild, das metaphorisch alles in sich einschließt, was Drawerts Art, die Welt zu sehen, ausmacht, sondern in den fünf Zeilen „Augenblick“:

Ein großer Zwerg
mit meinem Hut,
geht über die Kreuzung,
nachts und allein.
Schnee fällt.

Mir scheint jedoch, ohne die Kenntnis des einen *und* der anderen Texte Drawerts würden seine Erfahrungen nicht kommensurabel. Der Blick auf die nächtliche Kreuzung allein wäre kein Anlaß einzuhalten, um Drawerts Erstaunen über die Leidensfähigkeit des Menschen zu erkennen. Es ist kein Zufall, daß in den Texten häufig Katzen vorkommen. Sie scheinen so etwas wie der ins Bild gebrachte Vergleich zu sein, mit dem Drawert seine Erfahrung fixiert, Zukunft bestehe auch darin, daß man nach einem Sturz noch immer die Chance hat, wieder auf die Füße zu kommen.

8

Mit Dichtern wie Drawert hat sich eine Generation angesagt, die, schriebe sie nicht auf dem Boden der DDR, anders oder gar nicht schriebe! – Sensibilität und Irritierbarkeit, wie ich sie in der Person Drawerts sehe, schließen Mut zur Konfliktbereitschaft ein. Auch wenn sich Drawert extrem auf sein Ich zurückzuziehen scheint, lese ich seine Texte als Beiträge zu einer kollektiven Verantwortung, die unter der Kruste von dem, *was Leben auch ist,* mit Genauigkeit und der dem Wort gegenüber gebotenen Verantwortung arbeitet.

Meine Begegnung mit den Gedichten Kurt Drawerts vollzog sich in der Form einer Triade: ich lernte seine Gedichte kennen, sie interessierten mich; als ich in sie eindringen wollte, verwirrte mich Drawerts gänzlich unpathetische Sicht auf die Dinge, seine zunächst unlyrisch erscheinende Diktion, die dem „Angebot der Gegenstände" entspricht, „schön / einfach zu sein, denn das brauchen wir / so sehr". Erst nachdem der Dichter selbst für seine Gedichte eine innere Ordnung gefunden hatte – und damit auch für sich selbst –, die sein Wesen schärfer konturierte – „(man weiß doch was würde / wollte jeder jedem / nur Wahrheiten sagen.)" –, bemerkte ich, daß hier eine Lyrik vorliegt, in der die Vergangenheit bereits als „ein in den Brunnen gefallenes Kind" von einem Dichter erkannt werden kann, der „nicht der Gebügelte und Gescheitelte" sein will, „innen wie außen".
Ich wünsche, es möge dem Leser ähnlich ergehen wie mir!

Leipzig, Juli 1986 *Heinz Czechowski*

Inhalt

III

IV

V